2 PRIMARIA
COMPETENCIA LINGÜÍSTICA

¡HAZ LA PRUEBA!

W0351382

ANAYA

Cómo usar este cuaderno

La carrera

Este cuaderno te invita a participar en una emocionante **carrera.** Para alcanzar la meta, deberás superar **9 pruebas** contrarreloj.

- 3 pruebas en la etapa **Inicial.**
- 3 pruebas en la etapa **Intermedia.**
- 3 pruebas en la etapa **Final.**

En cada etapa te enfrentarás a pruebas de diferente complejidad. ¡En marcha!

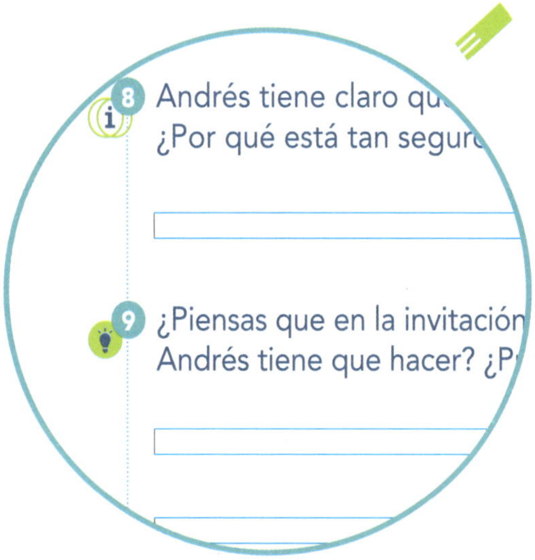

Las preguntas

En cada prueba tendrás que responder a **10 preguntas** relacionadas con el texto que se ofrece. Cada una de las preguntas está marcada con un icono.

- (i) Este icono significa que has entendido de forma general el texto.
- ((i)) Este icono significa que, además de entender el texto, eres capaz de relacionar e interpretar algunas ideas.
- (bombilla) Este icono significa que eres capaz de reflexionar sobre lo que dice el texto y sacar algunas conclusiones.

Las 9 pruebas

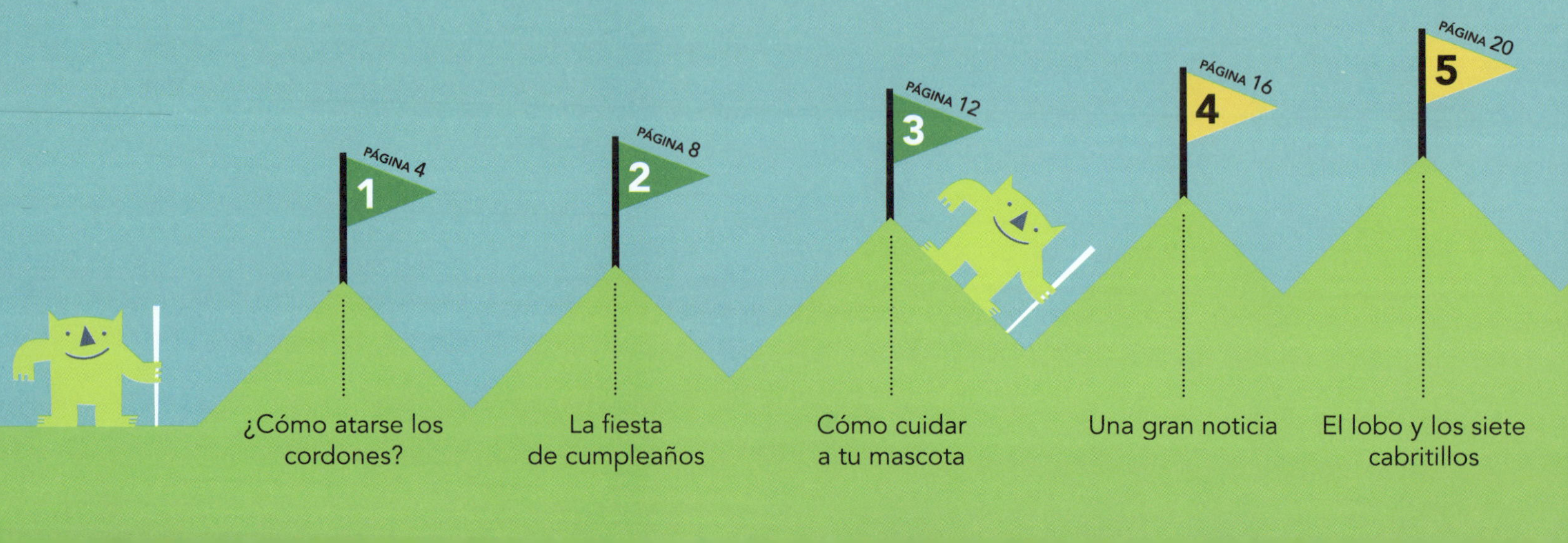

Las instrucciones

Para realizar la prueba, debes seguir estas instrucciones:

- Pon a punto el **reloj** y ten en cuenta el tiempo estimado que se indica.
- Consulta la **información** que acompaña a cada prueba.
- Lee con **atención** los textos y las preguntas.
- Si no sabes responder alguna pregunta, **no pierdas tiempo** y pasa a la siguiente.
- Algunas preguntas ofrecen tres o cuatro respuestas, pero **solo una** es correcta.
- Otras, te pedirán que completes la respuesta en un **espacio** dado. Respétalo.
- Si usas bolígrafo y quieres cambiar la respuesta a una pregunta, tacha tu primera elección y rodea o escribe la respuesta correcta.
- Al finalizar la prueba, realiza el **test de autoevaluación.**

En la web

Visita la web **www.anayaeducacion.es** y sigue entrenando.

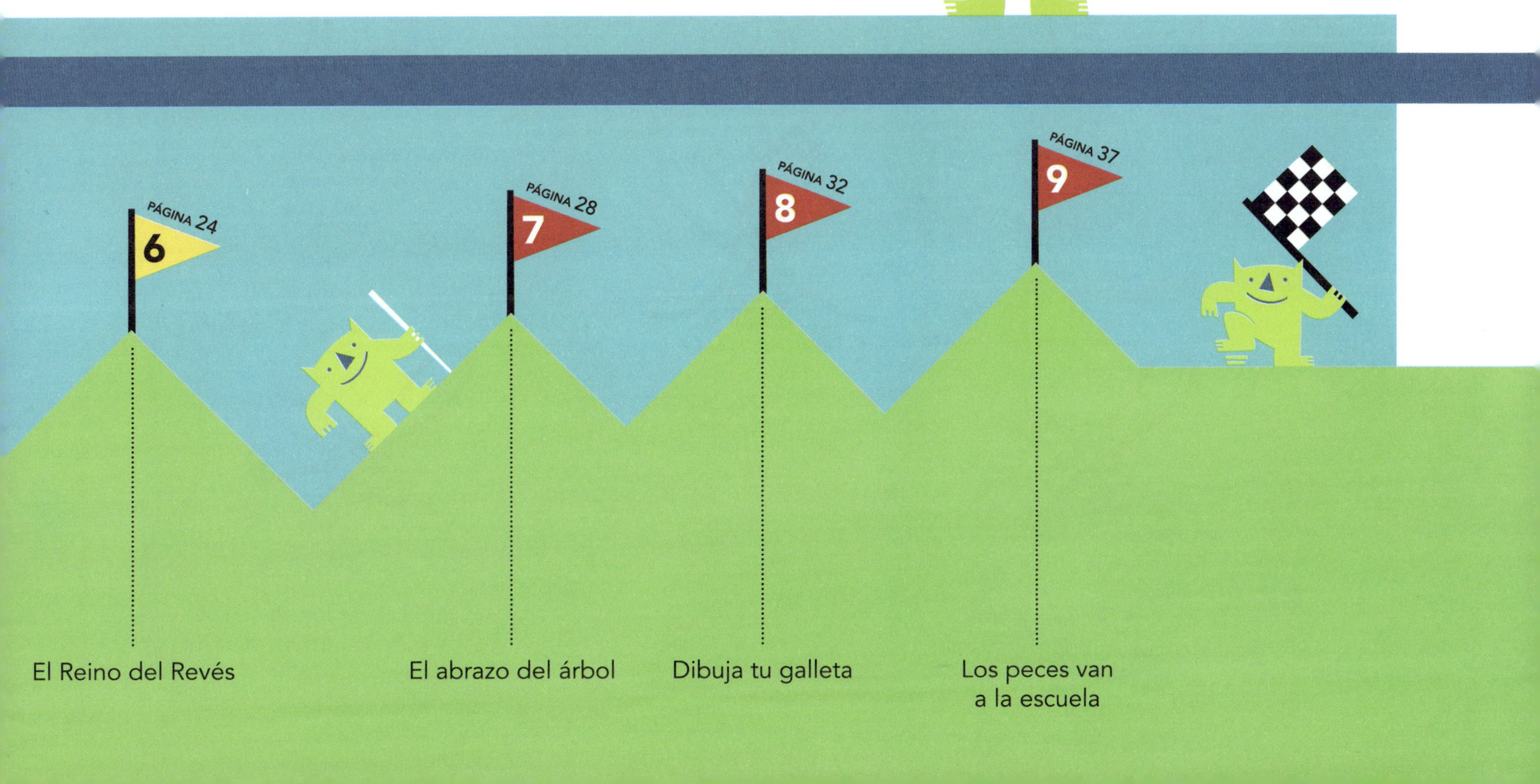

1 ¿Cómo atarse los cordones?

Preparados, listos...

¿Qué texto leeré?
Unas instrucciones

¿Cuál es la dificultad?
Baja

¿Cuánto dura?
30 minutos

¿Qué debo utilizar?
Mis dotes de observación y concentración

Tener atados los cordones evitará que te caigas cuando estés jugando y te permitirá andar más cómodo y seguro, al sentir el pie más sujeto.

Si ya eres capaz de atarte los cordones, te invitamos a que practiques un poco más. Si aún no has aprendido, ¡este es tu momento!

Existen muchos métodos. Aquí os presentamos el método de «las orejas de conejo», que es uno de los más fáciles.

1. Coge un cordón con cada mano y crúzalos. Luego mete uno de ellos por debajo y tira para poder hacer el nudo.

2. Forma una oreja con cada uno de los cordones.

3. Cruza las dos orejas.

4. Mete una de ellas por el agujero que queda debajo de las dos orejas.

5. Ya solo debes tirar fuerte de los lazos y habrás terminado.

Preguntas: ¿Cómo atarse los cordones?

1. ¿Qué vas a aprender a hacer si sigues esas instrucciones?

2. ¿Cómo se llama el método para atarse los cordones?

3. ¿Cuántos pasos tienes que seguir para aprender a atarte los cordones?

4. ¿Por qué es importante que sepas atarte los cordones?

5. Numera los dibujos según el orden que debes seguir para atarte los cordones.

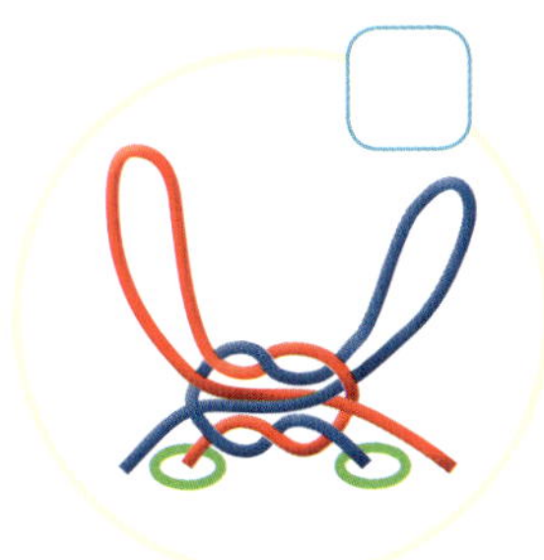

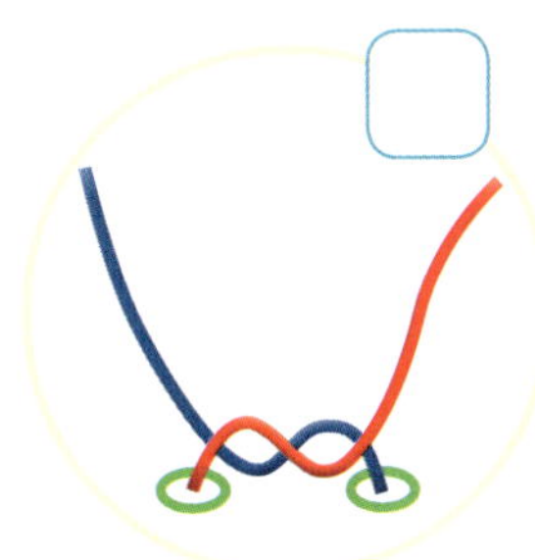

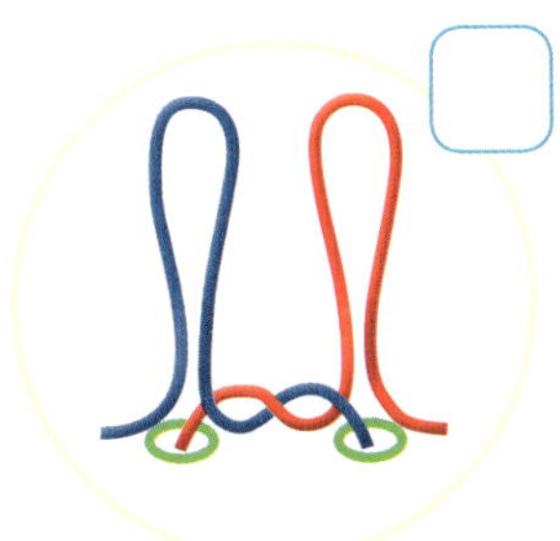

6 Completa los pasos para atarte los cordones usando las siguientes palabras.

tira oreja nudo crúzalos debajo

Para atarte los cordones, primero coge cada cordón con una mano y ________.
Después, mete uno de ellos por debajo y tira para hacer el ________. A continuación, forma una ________ con cada uno de los cordones. Cruza las dos orejas. Introduce una de ellas por el agujero que queda ________ de las dos orejas. ________ fuerte de los lazos y habrás terminado.

7 Marca con ✗ las opciones que son verdaderas.

- [ ] Los cordones se sueltan si están mal atados.
- [ ] No es necesario hacer nudos para atarse los cordones.
- [ ] Saber atarse los cordones es muy importante para llevar bien sujeto el calzado.
- [ ] Para terminar, debes tirar de los lazos y así apretar el nudo.

8 ¿Qué debes hacer si ya sabes atarte los cordones? Rodea.

a) Cerrar el libro e irte al parque.

b) Practicar más siguiendo las instrucciones.

c) Desatar los cordones de todos tus amigos para que ellos practiquen y aprendan.

9 ¿Qué te parece «el método de las orejas de conejo»? ¿Es una forma fácil o difícil de atarse los cordones? ¿Por qué?

Test: la prueba ha sido…		
Muy fácil		
Fácil		
Difícil		

10 Dibuja tu propio método para atarte los cordones.

2 La fiesta de cumpleaños

Preparados, listos...

¿Qué texto leeré?	¿Cuál es la dificultad?	¿Cuánto dura?	¿Qué debo utilizar?
Una invitación	**Baja**	**30 minutos**	**Mis dotes de observación y concentración**

La semana que viene será el cumpleaños de María. Hoy ha traído al cole las invitaciones y nos hemos puesto muy contentos.

El que más feliz estaba era yo, Andrés, porque María es mi mejor amiga. Jugamos a hacer casitas para las hormigas, a las carreras y al escondite, ¡nos lo pasamos muy bien! Además, ella me ayuda con las matemáticas y yo con los dibujos.

Este año el regalo se lo he hecho yo. Estoy seguro de que le gustará muchísimo. ¡Tengo muchas ganas de que llegue su fiesta! ¡Seguro que nos divertiremos un montón!

¡ME GUSTARÍA INVITARTE A MI FIESTA DE CUMPLEAÑOS!

PARA: ANDRÉS. DE: MARÍA.

La fiesta será el lunes 5 de noviembre.

El lugar donde se celebra se llama «Cumplelandia» y está situado en la calle Ríos, número 8.

Empezará a las 6 de la tarde.

¡No olvides venir disfrazado!

Por favor, si vas a asistir, avisa a mi madre antes del viernes 2 de noviembre. Puedes llamarla al teléfono 6754329715 (Lucía)

Preguntas: La fiesta de cumpleaños

1 ¿Tienes claro todos los datos de la fiesta? Sigue el ejemplo y contesta **Sí** o **No.**

a) La fiesta de cumpleaños será un lunes. Sí

b) Hay que ir vestido con ropa de deporte.

c) La hora de comienzo de la fiesta será a las 7 de la tarde.

d) El lugar de la celebración está al lado de un río.

e) La mamá de María se llama Lucía.

2 Ordena estas oraciones según lo que debe hacer Andrés.

Disfrazarse. | Confirmar que asistirá. | Divertirse.

1.º ______ 2.º ______ 3.º ______

3 Forma oraciones de acuerdo con el texto que has leído.

Las invitaciones de la fiesta	porque es muy amigo de María.
El más feliz era Andrés	lo ha hecho él mismo.
Como voy a asistir,	las ha llevado María al cole.
El regalo que lleva Andrés	tengo que llamar por teléfono.

4 Vuelve a leer la invitación de María y escribe preguntas para estas respuestas.

Será en «Cumplelandia». → ______________________

A las 6 de la tarde. → ______________________

Al teléfono 6754329715. → ______________________

5 Observa estos dos dibujos y colorea el que creas que debe ser la fiesta de María.

6 ¿A qué juegan juntos María y Andrés?

____

____

7 ¿A qué se ayudan en el colegio María y Andrés?

8 Andrés tiene claro que a María le gustará su regalo.
¿Por qué está tan seguro?

9 ¿Piensas que en la invitación ha quedado claro todo lo que Andrés tiene que hacer? ¿Puede hacerlo todo él solo?

10 ¿Qué crees que le regalará Andrés a María? Dibújalo.

Test: la prueba ha sido…		
Muy fácil		
Fácil		
Difícil		

3 Cómo cuidar a tu mascota

Preparados, listos...

¿Qué texto leeré?
Una ficha

¿Cuál es la dificultad?
Baja

¿Cuánto dura?
30 minutos

¿Qué debo utilizar?
Mis dotes de observación y concentración

MI MASCOTA

Raza de perro. Pastor alemán.

Características. Es la raza más conocida del mundo. Talla media, peso, alrededor de los 30 kilos. Orejas erguidas y acabadas en punta. Ojos almendrados y oscuros. Cuerpo musculoso y fuerte. Pelo negro, gris y pardo.

Carácter. Inteligente, fiel y obediente.

Alimentación. Tiene un estómago muy pequeño, por lo que solo debe comer 2 veces al día y no mucha cantidad. Además de pienso para perros, puede comer carne cruda.

Cuidados especiales. Cepillar diariamente con un cepillo de púas metálicas. Requiere vivir en un sitio con espacio para moverse. Si vive en un piso, tiene que dar largos paseos todos los días.

Aptitudes. Buen guarda y defensor, por eso, antiguamente, se usaba como perro pastor. Buen guía para las personas que no pueden ver.

CUIDADOS BÁSICOS DE UNA MASCOTA

Debes conocer bien a tu mascota, saber cuántas veces al día y qué tipo y cantidad de alimentos necesita para comer.

Acude al veterinario para que revise el estado de salud de tu mascota.

Asegúrate de que tiene en casa un espacio adecuado para comer, dormir, jugar…

Vigila que siempre tenga un recipiente con agua fresca y limpia para beber.

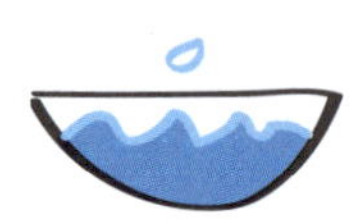

Cuida que tu mascota esté bien aseada.

Organiza bien tu tiempo para llevar a tu mascota de paseo.

1 ¿Cuál de estos perros es como el de la ficha? ¿Cómo lo has sabido?

Lo he sabido porque ______________________

2 Ayuda al veterinario a rellenar la cartilla de tu mascota.

PERRO

RAZA	

Descripción

OJOS	
PELO	
OREJAS	

CUERPO	
PESO	

Carácter

3 Rodea los alimentos que puede comer tu perro.

lechuga | galletas | carne cruda | piña

pienso | leche | pescado | huevos

4 ¿Cuántas veces al día puede comer tu mascota?

Mi perro puede comer ______ veces al día.

5 ¿Cómo debe ser una persona para ser una buena cuidadora de mascotas?

______

______

6 Lee las preguntas y marca la casilla de la respuesta correcta.

a) ¿Qué necesitan las mascotas?

- ◯ Cuidados y cariño.
- ◯ Nada.
- ◯ Solo cuidados.

b) ¿Qué debes hacer todos los días con tu perro?

- ◯ Ponerle las vacunas.
- ◯ Hacerle fotografías.
- ◯ Sacarlo a pasear.

c) ¿Cómo debe tener tu perro el agua?

- ◯ Fresca y limpia.
- ◯ Calentita y limpia.
- ◯ Fresca y sucia.

d) ¿Qué debes hacer para que tu mascota esté bien aseada?

- ◯ Lavarle los dientes.
- ◯ Cepillarle el pelo.
- ◯ Ponerle ropa limpia.

e) ¿Quién debe cuidar a tu perro?

- ◯ Yo solo.
- ◯ Mis padres.
- ◯ Yo con la ayuda de mi familia.

f) ¿Qué cuidados especiales necesita un pastor alemán?

- ◯ Cepillarles el pelo.
- ◯ Darle un pienso especial.
- ◯ Cortarle las uñas a diario.

7 ¿Dónde viviría mejor el pastor alemán? Colorea la imagen del lugar más apropiado y completa.

Viviría mejor aquí porque ____________________

8 ¿Qué aptitudes tiene el pastor alemán?

9 ¿Crees que el autor de este texto es un amante de los animales? Razona tu respuesta.

10 ¿Cómo pueden ayudar los perros a la personas que no pueden ver?

Test: la prueba ha sido…		
Muy fácil		
Fácil		
Difícil		

4 Una gran noticia

Preparados, listos...

¿Qué texto leeré?	¿Cuál es la dificultad?	¿Cuánto dura?	¿Qué debo utilizar?
Un artículo	**Media**	**40 minutos**	**Mis dotes de observación y concentración**

¡Conviértete en un Superhéroe con el poder del apadrinamiento! ¡**Wedu** busca 500 Superhéroes! Sí, nuestro amigo quiere encontrar a niños y niñas de España que aumenten su Panda Solidaria y que estén dispuestos a ayudar a 500 niños y niñas de la Comunidad del Tabudito, en El Salvador.

Los **Superhéroes en Acción** ayudaréis a mejorar las condiciones de vida de estos niños y pondréis en práctica uno de los poderes más importantes, ¡la solidaridad! Gracias a vosotros, Ayuda en Acción podrá colaborar en las necesidades más urgentes de la Comunidad del Tabudito, especialmente en la educación y la salud de estos niños y niñas. Junto a **Wedu y su Panda Solidaria**, los Superhéroes lucharéis para que todos tengan las mismas oportunidades y que este sea ¡un mundo mejor!

¿Quieres ser tú uno de ellos? Pues habla ya con tus padres, cuéntales que quieres ser un Superhéroe en Acción y comparte con tu familia esta maravillosa experiencia. Para ello solo tenéis que entrar con vuestra familia en la web de **WEDU.ES**, que rellenen sus datos y como recuerdo por cumplir esta gran misión, podrás protagonizar un cómic y vivir aventuras ¡alucinantes!

¡Hazte un Superhéroe apadrinando!

Fuente: Ayuda en Acción España, «SUPERHÉROES EN ACCIÓN», 10 de diciembre de 2015.
http://www.periodicoelgancho.com/superheroes-en-accion/

Preguntas: Una gran noticia

1 Di si son verdaderas (V) o falsas (F) estas afirmaciones.

	V	F
Se buscan 500 niños y niñas que se conviertan en héroes.		
Los Superhéroes tienen que ayudar a 500 ancianos.		
La idea es organizar un equipo de deportistas.		
Si te haces Superhéroe, vas a participar en una película.		
Wedu busca niños y niñas en España que sean solidarios.		

2 Lee las oraciones y copia las verdaderas.

Lucharé contra la pobreza.

Buscaré a los malos de ese país.

Compraré videoconsolas para los niños.

Podrán comprar medicinas.

3 ¿Qué necesidades tienen los niños de El Salvador? Colorea.

4 Rellena esta ficha resumen.

SUPERHÉROES EN ACCIÓN

- ONG organizadora:
- Número de niños y niñas que pueden participar:
- País al que van a ayudar:
- Página web para participar:

5 Numera las oraciones según el orden que debes seguir para ser un Superhéroe en acción.

☐ Rellena con la ayuda de tus padres los datos en la página web.

☐ Cuenta a tus padres que quieres ser un Superhéroe.

☐ Entra en la página web de WEDU.ES.

6 ¿Cuál es la labor de los Superhéroes en Acción? Rodea.

Dar a conocer esta noticia para ayudar a los niños de El Salvador.

Enviar dinero a El Salvador para mejorar la vida de los niños que viven allí.

7 ¿De qué otras dos formas podrías ayudar a los niños de El Salvador?

1.º

2.º

8 ¿Piensas que Superhéroes en Acción es un título apropiado? Razona tu respuesta e inventa otro título.

9 ¿Serías también un Superhéroe si ayudases a niños y niñas que viven cerca? ¿Por qué?

10 ¿Qué aventuras alucinantes puede vivir un Superhéroe solidario? Dibújalas.

Test: la prueba ha sido…		
Muy fácil		
Fácil		
Difícil		

5 El lobo y los siete cabritillos

Preparados, listos...

¿Qué texto leeré?
Un cuento

¿Cuál es la dificultad?
Media

¿Cuánto dura?
45 minutos

¿Qué debo utilizar?
Mis dotes de observación y concentración

Había una vez una cabra que tenía siete cabritillos. Un día quiso ir al bosque a buscar comida; los llamó y les dijo:

—Queridos hijos, tengo que salir al bosque. Protegeos del lobo, que, si entra, os devorará enteros. Lo conoceréis inmediatamente por su voz ronca y sus patas negras.

Los cabritillos dijeron:

—Tendremos cuidado; puedes irte sin preocupación.

Entonces, se puso en camino llena de tranquilidad.

No había pasado mucho tiempo, cuando alguien llamó a la puerta de la casa y exclamó:

—Hijos míos, ya he vuelto y os he traído un regalo.

Los cabritillos reconocieron por la voz ronca que era el lobo.

—No abrimos —exclamaron—; tú no eres nuestra madre; ella tiene una voz fina y melodiosa; tú eres el lobo.

Después, el lobo compró al tendero un gran trozo de tiza; se la comió y se aclaró con ella la voz. Luego, regresó, llamó a la puerta de la casa y dijo:

—Hijos míos, ya he vuelto y os he traído un regalo.

Pero el lobo había colocado sus negras patas en la ventana, los cabritillos las vieron y dijeron:

—No abrimos, nuestra madre no tiene las patas negras como tú; tú eres el lobo.

Preguntas: El lobo y los siete cabritillos

1 Numera las siguientes frases según el orden en el que aparecen en la historia.

- [ ] Los cabritillos reconocieron por la voz ronca que era el lobo.
- [ ] Un día quiso ir al bosque a buscar comida.
- [ ] Entonces, se puso en camino llena de tranquilidad.

2 Busca en el cuento las frases y completa.

Protegeos del lobo, que, si entra, ____________________

Tendremos cuidado ____________________

____

No abrimos, ____________________

3 Contesta a estas preguntas utilizando adjetivos del recuadro.

blancas	preciosa	negras	malvado	melodiosa	ronca	fina

a) ¿Cómo son las patas del lobo?

____

b) ¿Cómo es la voz del lobo?

____

c) ¿Cómo es la voz de la mamá cabra?

____

4 Contesta.

a) ¿Para qué va la cabra al bosque?

____

b) ¿Qué compró el lobo?

____

c) ¿Dónde colocó el lobo sus patas?

____

5 El lobo se comió un gran trozo de tiza. Dibuja al lobo comiéndosela y explica si crees que eso es posible.

____

____

____

____

____

6 Completa las frases con las palabras adecuadas.

devorará - exclamó - preocupación - baló - protegeos

1. ______ del lobo, que, si entra, os ______ enteros.

2. Alguien llamó a la puerta de la casa y ______.

3. Tendremos cuidado; puedes irte sin ______.

7 Escribe el final del cuento.

8 ¿Sabrías explicar a qué se dedican los tenderos?

9 Busca en el texto las frases y rodea las palabras incorrectas.

a) Ella tiene una voz aguda y melodiosa.

b) Lo conoceréis inmediatamente por su voz dulce y sus patas blancas.

c) Nietos míos, ya he vuelto y os he traído un regalo.

d) No abrimos, nuestra madre no tiene las patas blancas como tú.

10 Imagina un nombre para cada cabritillo y qué regalo crees que le hubiese traído su mamá.

Test: la prueba ha sido…		
Muy fácil		
Fácil		
Difícil		

6 El Reino del Revés

Preparados, listos...

¿Qué texto leeré?
Una canción

¿Cuál es la dificultad?
Media

¿Cuánto dura?
45 minutos

¿Qué debo utilizar?
Mis dotes de observación y concentración

Me dijeron que en el Reino del Revés
nada el pájaro y vuela el pez,
que los gatos no hacen miau y dicen yes
porque estudian mucho inglés.

Vamos a ver cómo es el Reino del
Revés.

Me dijeron que en el Reino del Revés
nadie baila con los pies,
que un ladrón es vigilante y otro es juez
y que dos y dos son tres.

Vamos a ver cómo es el Reino del
Revés.

Me dijeron que en el Reino del Revés
cabe un oso en una nuez,
que usan barbas y bigotes los bebés y
que un año dura un mes.

Vamos a ver cómo es el Reino del
Revés.

Me dijeron que en el Reino del Revés
hay un perro pequinés
que se cae para arriba y una vez... no
pudo bajar después.

Vamos a ver cómo es el Reino del
Revés.

Me dijeron que en el Reino del Revés
un señor llamado Andrés
tiene 1 530 chimpancés,
que si miras no los ves.

Vamos a ver cómo es el Reino del
Revés.

Me dijeron que en el Reino del Revés
una araña y un ciempiés
van montados al palacio del Marqués en
caballos de ajedrez.

Vamos a ver cómo es el Reino del
Revés.

María Elena Walsh

Preguntas: El Reino del Revés

1 ¿Por qué la canción se titula «El Reino del Revés»?

- [ ] Porque todo el mundo anda por el techo.
- [ ] Porque siempre hay que hablar en inglés.
- [ ] Porque ocurren cosas que no suelen pasar en la realidad.

2 Tacha con una ✗ las locuras que no aparecen en el texto.

Los niños tienen dedos en la nariz.	Nadie baila con los pies.	Los ciempiés tienen orejas en los pies.
Los monos estudian inglés.	Cabe un oso en una nuez.	Nada el pájaro y vuela el pez.

3 Completa las siguientes oraciones.

Un señor llamado Andrés tiene 1530 chimpancés, ______________________.

Los gatos no hacen miau y dicen yes ______________________.

Una araña y un ciempiés ______________________.

4 Dibuja lo que verías en el Reino del Revés.

5 Contesta a las preguntas de acuerdo con el texto.

- ¿Dónde viven los peces en el Reino del Revés?

- ¿Qué cosas les gusta hacer a los gatos?

6 Si vivieras en el Reino del Revés y fueras a una fiesta de cumpleaños, ¿cómo bailarías?

7 ¿Dónde caben los osos en el Reino del Revés? Colorea.

8 En el Reino del Revés viven muchos animales. Rodea los nombres de los animales que aparecen en la canción.

pez gato saltamontes oruga oso

oveja araña burro lagarto

pájaro

9 Explica en una oración cómo es el Reino del Revés.

10 ¿Es posible que una araña y un ciempiés monten en un caballo de ajedrez? Rodea **Sí** o **No** y justifica tu respuesta de acuerdo con lo que has leído.

SÍ **NO**

Test: la prueba ha sido…		
Muy fácil		
Fácil		
Difícil		

7 El abrazo del árbol

Preparados, listos...

¿Qué texto leeré?
Un cuento

¿Cuál es la dificultad?
Alta

¿Cuánto dura?
50 minutos

¿Qué debo utilizar?
Mis dotes de observación y concentración

Todos los días, cuando va al colegio con su perro Gustavino, Miguel ve un árbol que hay al otro lado de la calle. Es enorme. A Miguel le parece que es tan grande como su casa. Y como la de su abuelo. Incluso como la de su tía Enriqueta. [...]

A Miguel le da miedo el árbol porque las ramas se enrollan en el tronco como si lo fueran a estrangular. Y piensa que un día las ramas del árbol se podrían enroscar en su cuerpo y estrujarlo. Por eso, cuando pasa cerca de él, cierra el ojo derecho y mira para otro lado. O mira a su perro.

A Gustavino no le da miedo el árbol. En general, no le da miedo nada que se pueda ver. Solo le asustan los truenos y el ruido de la batería del vecino de arriba. Cuando Gustavino tiene miedo, se acurruca y se convierte en una bola.

Una mañana, el cielo estaba muy gris. Tanto, que empezó a llover. Miguel y Gustavino vieron un relámpago que cortó el cielo en dos mitades, y enseguida el estruendo de un trueno llegó hasta sus oídos. El perro se encogió y se convirtió en una bola. Pero esta vez, la bola Gustavino empezó a rodar sobre el suelo mojado. Y tanto rodó que llegó hasta el pie del árbol que le daba tanto miedo a Miguel.

Al trueno siguió un viento tan fuerte que empujó a Gustavino. Y tanto lo empujó que desapareció entre el tronco, las ramas y las raíces del árbol.

Miguel se quedó quieto unos instantes. No quería acercarse. Temblaba de miedo por el árbol y porque su amigo no estaba a su lado. Tenía que rescatarlo, pero... ¿cómo?

Ana Alcolea, *El abrazo del árbol*, Anaya.

Preguntas: El abrazo del árbol

1 Colorea los personajes que aparecen en el cuento y pon debajo su nombre.

2 ¿Por qué a Miguel le da miedo del árbol? Marca la opción correcta.

- ☐ Porque el árbol es muy grande, como una casa.
- ☐ Porque su perro Gustavino siempre ladra al pasar por el árbol.
- ☐ Porque las ramas se enrollan en el tronco como si lo fueran a estrangular.
- ☐ Porque el árbol parece que fuera a rugir como un león.

3 Busca en el texto y termina las oraciones.

- El perro se encogió y ______ ______.
- Porque las ramas ______ ______

4 Cuando el trueno sonó, Gustavino se convirtió en una bola. ¿Esperabas que Gustavino actuara así? ¿Por qué?

5 ¿Piensas que Miguel quería mucho a Gustavino? Rodea **Sí** o **No.** Razona tu respuesta.

Sí

No

6 ¿Qué crees que significa «vieron un relámpago que cortó el cielo en dos mitades»? Marca la opción correcta.

- ☐ Que el relámpago fue tan grande que su luz dibujó en el cielo una raya que parecía que estaba partiendo el cielo en dos.
- ☐ Que el cielo se rompió en dos partes y seguro que pronto empezarían a caer sus trozos.

7 ¿Qué crees que quiere enseñarnos este texto? Marca la opción correcta.

- ☐ Que aunque creas que algo te da mucho miedo, si necesitas ayudar a un ser querido, serás capaz de enfrentar esos miedos.
- ☐ Que no importa si pierdes a un amigo. Lo importante es no hacer lo que nos da miedo.
- ☐ Que hay que tener muchos perros por si pierdes alguno en un árbol.

8 A pesar del miedo que tenía, Miguel decidió ayudar a su perro. Busca en el cuento la frase que te ha ayudado a saber que esto es verdad y cópiala.

9 ¿Cómo estaba el cielo cuando empezó a llover?

10 ¿Cuál de las siguientes ideas resumiría mejor este texto?

☐ Este texto trata de un niño que era muy valiente, tan valiente que no le daba miedo nada, ni siquiera un gran árbol que se encontraba todos los días cuando iba camino del colegio.

☐ Este texto cuenta la historia de un niño al que le daba mucho miedo un árbol enorme que se encontraba todos los días camino del cole. A pesar del miedo que tenía, cuando su perro se adentró entre sus ramas por accidente, él tuvo claro que tenía que ser valiente y rescatarlo.

☐ Este texto narra la historia de un niño que tenía mucho miedo a un enorme árbol que había camino de su colegio. Era tanto el miedo que tenía que ni siquiera pensó en ayudar a su perro cuando por accidente cayó cerca del árbol. Tenía claro que lo iba a dejar allí solo.

Test: la prueba ha sido…		
Muy fácil		
Fácil		
Difícil		

8 Dibuja tu galleta

www.pintapinta.org

pintapinta
1.° Concurso
Pintando alegría

INICIO / INSTRUCCIONES / ¡PARTICIPA! / GANADORES / PREMIOS / NOTICIAS / CONTACTO

¡Desarrolla tu creatividad!

1. Con la supervisión de un adulto, pulsa en el botón **¡Participa!** y podrás comenzar a dibujar.
2. Cuando hayas acabado tu dibujo, pulsa en el botón **YA SOY CREADOR**.
3. Después, escribirás tu **NOMBRE DE USUARIO** y el **NOMBRE DE TU CREACIÓN**. Tu dibujo se guardará y podrás modificarlo desde tu sección **MIS CREACIONES** siempre que lo desees, hasta que finalice el plazo del concurso.
4. Puedes participar con diferentes creaciones, con un máximo de diez por nombre de usuario.

¡Puedes participar hasta el 31 de mayo de 2018!

Condiciones del concurso

* No se aceptarán copias, plagios, logotipos, marcas o materiales con copyright: solo son válidos los dibujos originales.

Descárgate nuestra app para crear también desde tu móvil o tableta.

Preparados, listos...

¿Qué texto leeré?
Unas instrucciones

¿Cuál es la dificultad?
Alta

¿Cuánto dura?
50 minutos

¿Qué debo utilizar?
Mis dotes de observación y concentración

www.pintapinta.org

pintapinta convoca la primera edición del concurso **«Pintando alegría»**.

Bases del concurso

1 Participantes

1. Los participantes deben ser niños y niñas de entre 6 y 11 años y tendrían que estar siempre supervisados por un adulto.
2. Los participantes deben residir en España o tener la nacionalidad española.
3. Se dividirán en categorías en función de la edad:
   - Categoría 1: niños y niñas entre 6 y 8 años, ambos incluidos.
   - Categoría 2: niños y niñas entre 9 y 11 años, ambos inclusive.
4. Cada niño o niña tendrá su nombre de usuario propio y podrá participar con tantos dibujos como desee hasta un máximo de diez.
5. Cada dibujo ha de ser original y no haberse presentado a ningún otro concurso.
6. Cada dibujo ha de simbolizar o manifestar de una u otra manera «alegría».

2 Realización de la creación o creaciones

1. Se podrá crear el dibujo o dibujos desde la web: www.pintapinta.org o con la app: «Pintando alegría».

3 Presentación de las creaciones

1. El plazo de presentación de las creaciones comienza el 15 de marzo de 2018 y finaliza el 31 de mayo de 2018, ambos inclusive.

4 Objetivo del concurso

1. Las creaciones se enviarán a las ONG o entidades sin ánimo de lucro de diferentes países para provocar la risa y la alegría y fomentar la solidaridad, la tolerancia y el compañerismo en los niños y en las niñas de los países más desfavorecidos.

Preguntas: Dibuja tu galleta

1 ¿De qué trata el texto que acabas de leer? Subraya.

- Son las instrucciones de un concurso de dibujo.
- Son las instrucciones de un concurso de poesía.
- Son las instrucciones para hacer galletas.

2 Numera estas instrucciones.

- Comparte tu dibujo o guárdalo en el ordenador.
- Pulsa el botón PARTICIPA AHORA para comenzar a dibujar.
- Escribe tu nombre y elige un buen título.
- Cuando hayas terminado, pulsa el botón PARTICIPA.

3 ¿Cuál de estas galletas podrías presentar al concurso? Razona tu elección.

1

2

4 Di si estas afirmaciones son verdaderas (V) o falsas (F).

- Puedes participar en el concurso si tienes entre 3 y 11 años.
- Solo puedes presentar un dibujo.
- Tú participas en la categoría número 2.
- Si tienes un dibujo premiado en otro concurso, lo puedes presentar.

5 Colorea los posibles participantes del concurso.

6 Observa el calendario y rodea el día que comienza el concurso. Después, pon una cruz en el día que termina.

MARZO

LUN.	MAR.	MIÉ.	JUE.	VIE.	SÁB.	DOM.
	1	2	3	4	5	6
7	8	9	10	11	12	13
14	15	16	17	18	19	20
21	22	23	24	25	26	27
28	29	30	31			

ABRIL

LUN.	MAR.	MIÉ.	JUE.	VIE.	SÁB.	DOM.
				1	2	3
4	5	6	7	8	9	10
11	12	13	14	15	16	17
18	19	20	21	22	23	24
25	26	27	28	29	30	

MAYO

LUN.	MAR.	MIÉ.	JUE.	VIE.	SÁB.	DOM.
						1
2	3	4	5	6	7	8
9	10	11	12	13	14	15
16	17	18	19	20	21	22
23	24	25	26	27	28	29
30	31					

7 Lee las siguientes fechas y marca con una ✗ aquellas que están dentro del concurso.

7 de mayo de 2018	30 de diciembre de 2018	4 de abril de 2018
14 de febrero de 2018	21 de marzo de 2018	19 de junio de 2018

8 ¿Cuál crees que es el premio? Copia el texto que te ha llevado a decidirte.

Yo creo que el premio es ______.

Lo sé porque en el texto dice ______

______.

9 Explica los pasos que tienes que seguir para participar en el concurso.

______

______

______

______

10 ¿Crees que las instrucciones y las bases del concurso están claras? ¿Por qué?

______

______

______

______

Test: la prueba ha sido…		
Muy fácil		
Fácil		
Difícil		

9 Los peces van a la escuela

Preparados, listos...

¿Qué texto leeré?
Un poema

¿Cuál es la dificultad?
Alta

¿Cuánto dura?
60 minutos

¿Qué debo utilizar?
Mis dotes de observación y concentración

Hay un colegio
en el fondo del mar,
y allí los «bonitos»
bajan a estudiar.

Y el que más escribe
es el calamar,
y el que menos sabe
no sabe la «a».

A dar la lección
«Pez Espada» va,
lleva su puntero
para señalar:

«Con olas y barcas,
el Norte del mar,
y limita al Este
con playas sin par...».

[...] Pupitre de perlas,
bancos de coral,
encerado verde
y tiza de sal.

Muchos pececitos
ríen al sumar.
Y el buzo a los peces
bajaba a asustar,
con su cara blanca
dentro de un cristal.

Gloria Fuertes

Preguntas: Los peces van a la escuela

1 ¿Dónde estaba la escuela de los peces?

a) En la orilla de la playa.

b) En un banco de coral.

c) En el fondo del mar.

d) Cerca de la casa del buzo.

2 ¿Quién es el que más escribe en la escuela de los peces?

a) El bonito.

b) El pez espada.

c) El tiburón.

3 ¿Qué letras sabe el que menos sabe de la escuela de los peces?

a) No sabe ninguna letra.

b) Se sabe las vocales: a, e, i, o, u.

c) Solo sabe la a.

d) Se sabe todas las letras del abecedario.

4 ¿Recuerdas quién es la autora?

5 Colorea el dibujo que corresponde al profesor. Después, copia los versos que te han ayudado a averiguarlo.

6 Marca con una ✗ la descripción correcta de la escuela.

☐ Es una escuela que está en el fondo del mar y los peces van allí para jugar. No aprenden nada, pero se lo pasan muy bien.

☐ Es una escuela que está en el fondo del mar y los peces van allí para estudiar.

7 Une cada objeto con el material del que está hecho.

tizas ○	○ coral
pupitres ○	○ perlas
bancos ○	○ sal

8 ¿Qué significa que el buzo lleva «su cara blanca detrás del cristal»? ¿Por qué asusta el buzo a los peces?

9 ¿Crees que es real que los peces vayan a la escuela? Justifica tu respuesta con la información del poema.

10 ¿Cómo sería una escuela de pájaros? Descríbela brevemente.

Test: la prueba ha sido…		
Muy fácil		
Fácil		
Difícil		

En la realización de este cuaderno han intervenido:

Autoría: Javier Cortés de las Heras, Florencio Luengo Horcajo, Enrique Roca Cobo (coordinación de equipo), Victoria Gallego Pedraza, Juan Carlos Rico Leonor. Coordinación editorial: Marga Fernández Montijano. Edición: Belén Martín Armand. Corrección: Encarnación Martín. Maquetación: Raquel Horcajo. Diseño: Javier Serrano y Rubén González. Equipo de Diseño y Gráficos: Paz Franch. Ilustraciones: Azulamarillo. Edición gráfica: Rocío Álvarez. Fotografías: Archivo Anaya (Mori, S.); 123RF.

Las **normas ortográficas** seguidas en este cuaderno son las establecidas por la Real Academia Española en la *Ortografía de la lengua española*, publicada en el año 2010.

Nuestras publicaciones mantienen el rigor en el uso y en la selección de los contenidos, en las imágenes y en el lenguaje, para cumplir con la **no discriminación** por razón de género, cultura u opinión.

Los **enlaces a las páginas web** que puedan aparecer en esta obra han sido revisados en la fecha de su impresión. La editorial no se hace responsable de las modificaciones o las anulaciones que se produzcan en ellos con posterioridad a dicha fecha.

ISBN: 978-84-698-3128-1 - Depósito Legal: M-3608-2017 - Printed in Spain.

ET031405/1E1I - 1002071